U0022932

書名：三元挨星秘訣仙傳
系列：心一堂術數古籍珍本叢刊　堪輿類
作者：心一堂編
主編、責任編輯：陳劍聰
心一堂術數古籍珍本叢刊編校小組：陳劍聰　素聞　梁松盛　鄒偉才　虛白盧主

出版：心一堂有限公司
通訊地址：香港九龍旺角彌敦道六一〇號荷李活商業中心十八樓〇五—〇六室
深港讀者服務中心：中國深圳市羅湖區立新路六號羅湖商業大厦負一層〇〇八室
電話號碼：(852)67150840
網址：publish.sunyata.cc
電郵：sunyatabook@gmail.com
網店：http://book.sunyata.cc
淘寶店地址：https://shop210782774.taobao.com
微店地址：https://weidian.com/s/1212826297
臉書：https://www.facebook.com/sunyatabook
讀者論壇：http://bbs.sunyata.cc/

版次：二零二二年五月初版
平裝

定價：港幣　一百九十八元正
人民幣　一百九十八元正
新台幣　七百九十元正

國際書號：ISBN 978-988-8058-93-8


香港發行：香港聯合書刊物流有限公司
地址：香港新界大埔汀麗路36號中華商務印刷大廈3樓
電話號碼：(852)2150-2100
傳真號碼：(852)2407-3062
電郵：info@suplogistics.com.hk

台灣發行：秀威資訊科技股份有限公司
地址：台灣台北市內湖區瑞光路七十六巷六十五號一樓
電話號碼：+886-2-2796-3638
傳真號碼：+886-2-2796-1377
網絡書店：www.bodbooks.com.tw
台灣國家書店讀者服務中心：
地址：台灣台北市中山區松江路二〇九號一樓
電話號碼：+886-2-2518-0207
傳真號碼：+886-2-2518-0778
網絡書店：http://www.govbooks.com.tw

中國大陸發行　零售：深圳心一堂文化傳播有限公司
深圳地址：深圳市羅湖區立新路六號羅湖商業大厦負一層〇〇八室
電話號碼：(86)0755-82224934

心一堂微店二維碼

心一堂淘寶店二維碼

# 心一堂術數古籍珍本叢刊 總序

## 術數定義

術數，大概可謂以「推算、推演人（個人、群體、國家等）、事、物、自然現象、時間、空間方位等規律及氣數，並或通過種種『方術』，從而達致趨吉避凶或某種特定目的」之知識體系和方法。

## 術數類別

我國術數的內容類別，歷代不盡相同，例如《漢書・藝文志》中載，漢代術數有六類：天文、曆譜、無行、蓍龜、雜占、形法。至清代《四庫全書》，術數類則有：數學、占候、相宅相墓、占卜、命書、相書、陰陽五行、雜技術等，其他如《後漢書・方術部》、《藝文類聚・方術部》、《太平御覽・方術部》等，對於術數的分類，皆有差異。古代多把天文、曆譜、及部份數學均歸入術數類，而民間流行亦視傳統醫學作為術數的一環；此外，有些術數與宗教中的方術亦往往難以分開。現代學界則常將各種術數歸納為五大類別：命、卜、相、醫、山，通稱「五術」。

本叢刊在《四庫全書》的分類基礎上，將術數分為九大類別：占筮、星命、相術、堪輿、選擇、三式、讖緯、理數（陰陽五行）、雜術。而未收天文、曆譜、算術、宗教方術、醫學。

## 術數思想與發展——從術到學，乃至合道

我國術數是由上古的占星、卜蓍、形法等術發展下來的。其中卜蓍之術，是歷經夏商周三代而通過「龜卜、蓍筮」得出卜（卦）辭的一種預測（吉凶成敗）術，之後歸納並結集成書，此即現傳之《易經》。經過春秋戰國至秦漢之際，受到當時諸子百家的影響、儒家的推崇，遂有《易傳》等的出現，原本是卜蓍術書的《易經》，被提升及解讀成有包涵「天地之道（理）」之學。因此，《易・繫辭傳》曰：「易與天地準，故能彌綸天地之道。」

漢代以後，易學中的陰陽學說，與五行、九宮、干支、氣運、災變、律曆、卦氣、讖緯、天人感應說等相結

合，形成易學中象數系統。而其他原與《易經》本來沒有關係的術數，如占星、形法、選擇，亦漸漸以易理（象數學說）為依歸。《四庫全書・易類小序》云：「術數之興，多在秦漢以後。要其旨，不出乎陰陽五行，生尅制化。實皆《易》之支派，傅以雜說耳。」至此，術數可謂已由「術」發展成「學」。

及至宋代，術數理論與理學中的河圖洛書、太極圖、邵雍先天之學及皇極經世等學說給合，通過術數以演繹理學中「天地中有一太極，萬物中各有一太極」（《朱子語類》）的思想。術數理論不單已發展至十分成熟，而且也從其學理中衍生一些新的方法或理論，如《梅花易數》、《河洛理數》等。

在傳統上，術數功能往往不止於僅僅作為趨吉避凶的方術，及「能彌綸天地之道」的學問，亦有其「修心養性」的功能，「與道合一」（修道）的內涵。《素問・上古天真論》：「上古之人，其知道者，法於陰陽，和於術數。」數之意義，不單是外在的算數、歷數、氣數，而是與理學中同等的「道」、「理」──心性的功能，北宋理氣家邵雍對此多有發揮：「聖人之心，是亦數也」、「萬化萬事生乎心」、「心為太極」。《觀物外篇》：「先天之學，心法也。……蓋天地萬物之理，盡在其中矣，心一而不分，則能應萬物。」反過來說，宋代的術數理論，受到當時理學、佛道及宋易影響，認為心性本質上是等同天地之太極。天地萬物氣數規律，能通過內觀自心而有所感知，即是內心也已具備有術數的推演及預測、感知能力；相傳是邵雍所創之《梅花易數》，便是在這樣的背景下誕生。

《易・文言傳》已有「積善之家，必有餘慶；積不善之家，必有餘殃」之說，至漢代流行的災變說及讖緯說，我國數千年來都認為天災，異常天象（自然現象），皆與一國或一地的施政者失德有關；下至家族、個人之盛衰，也都與一族一人之德行修養有關。因此，我國術數中除了吉凶盛衰理數之外，人心的德行修養，也是趨吉避凶的一個關鍵因素。

## 術數與宗教、修道

在這種思想之下，我國術數不單只是附屬於巫術或宗教行為的方術，又往往已是一種宗教的修煉手段──通過術數，以知陰陽，乃至合陰陽（道）。「其知道者，法於陰陽，和於術數。」例如，「奇門遁甲」術中，即分為「術奇門」與「法奇門」兩大類。「法奇門」中有大量道教中符籙、手印、存想、內煉的內容，是道教內丹外法的一種重要外法修煉體系。甚至在雷法一系的修煉上，亦大量應用了術數內容。此外，相術、堪輿術中也有修煉望氣色的方法；堪輿家除了選擇陰陽宅之吉凶外，也有道教中選擇適合修道環境（法、財、侶、地中的地）的方法，以至通過堪輿術觀察天地山川陰陽之氣，亦成為領悟陰陽金丹大道的一途。

## 易學體系以外的術數與的少數民族的術數

我國術數中，也有不用或不全用易理作為其理論依據的，如楊雄的《太玄》、司馬光的《潛虛》。也有一些占卜法、雜術不屬於《易經》系統，不過對後世影響較少而已。

外來宗教及少數民族中也有不少雖受漢文化影響（如陰陽、五行、二十八宿等學說）但仍自成系統的術數，如古代的西夏、突厥、吐魯番等占卜及星占術，藏族中有多種藏傳佛教占卜術、苯教占卜術、擇吉術、推命術、相術等；北方少數民族有薩滿教占卜術；不少少數民族如水族、白族、布朗族、佤族、彝族、苗族等，皆有占雞（卦）草卜、雞蛋卜等術，納西族的占星術、占卜術，彝族畢摩的推命術、占卜術…等等，都是屬於《易經》體系以外的術數。相對上，外國傳入的術數以及其理論，對我國術數影響更大。

## 曆法、推步術與外來術數的影響

我國的術數與曆法的關係非常緊密。早期的術數中，很多是利用星宿或星宿組合的位置（如某星在某州或某宮某度）付予某種吉凶意義，并據之以推演，例如歲星（木星）、月將（某月太陽所躔之宮次）等。不過，由於不同的古代曆法推步的誤差及歲差的問題，若干年後，其術數所用之星辰的位置，已與真實星辰的位置不一樣了；此如歲星（木星），早期的曆法及術數以十二年為一周期（以應地支），與木星真實周期十一點八六年，每幾十年便錯一宮。後來術家又設一「太歲」的假想星體來解決，是歲星運行的相反，週期亦剛好是十二年。而術數中的神煞，很多即是根據太歲的位置而定。又如六壬術中的「月將」，原是立春節氣後太陽躔娵訾之次而稱作「登明亥將」，至宋代，因歲差的關係，要到雨水節氣後太陽才躔娵訾之次，當時沈括提出了修正，但明清時六壬術中「月將」仍然沿用宋代沈括修正的起法沒有再修正。

由於以真實星象周期的推步術是非常繁複，而且古代星象推步術本身亦有不少誤差，大多數術數除依曆書保留了太陽（節氣）、太陰（月相）的簡單宮次計算外，漸漸形成根據干支、日月等的各自起例，以起出其他具有不同含義的眾多假想星象及神煞系統。唐宋以後，我國絕大部份術數都主要沿用這一系統，也出現了不少完全脫離真實星象的術數，如《子平術》、《紫微斗數》、《鐵版神數》等。後來就連一些利用真實星辰位置的術數，如《七政四餘術》及選擇法中的《天星選擇》，也已與假想星象及神煞混合而使用了。

隨着古代外國曆（推步）、術數的傳入，如唐代傳入的印度曆法及術數，元代傳入的回回曆等，其中我國占星術便吸收了印度占星術中羅睺星、計都星等而形成四餘星，又通過阿拉伯占星術而吸收了其中來自希臘、巴比倫占星術的黃道十二宮、四元素學說（地、水、火、風），並與我國傳統的二十八宿、五行說、神煞系統並存而形成《七政四餘術》。此外，一些術數中的北斗星名，不用我國傳統的星名：天樞、天璿、天璣、天權、玉衡、開陽、搖光，而是使用來自印度梵文所譯的：貪狼、巨門、祿存、文曲，廉貞、武曲、破軍等，此明顯是受到唐代從印度傳入的曆法及占星術所影響。如星命術的《紫微斗數》及堪輿術的《撼龍經》等文獻中，其星皆用印度譯名。及至清初《時憲曆》，置潤之法則改用西法「定氣」。清代以後的術數，又作過不少的調整。

## 術數在古代社會及外國的影響

術數在古代社會中一直扮演着一個非常重要的角色，影響層面不單只是某一階層、某一職業、某一年齡的人，而是上自帝王，下至普通百姓，從出生到死亡，不論是生活上的小事如洗髮、出行等，大事如建房、入伙、出兵等，從個人、家族以至國家，從天文、氣象、地理到人事，軍事，從民俗、學術到宗教，都離不開術數的應用。如古代政府的中欽天監（司天監），除了負責天文、曆法、輿地之外，亦精通其他如星占、選擇、堪輿等術數，除在皇室人員及朝庭中應用外，也定期頒行日書、修定術數，使民間對於天文、日曆用事吉凶及使用其他術數時，有所依從。

在古代，我國的漢族術數，甚至影響遍及西夏、突厥、吐蕃、阿拉伯、印度、東南亞諸國、朝鮮、日本、越南等地，其中朝鮮、日本、越南等國，一至到了民國時期，仍然沿用着我國的多種術數。

## 術數研究

術數在我國古代社會雖然影響深遠，「是傳統中國理念中的一門科學，從傳統的陰陽、五行、九宮、八卦、河圖、洛書等觀念作大自然的研究。……傳統中國的天文學、數學、煉丹術等，要到上世紀中葉始受世界學者肯定。可是，術數還未受到應得的注意。術數在傳統中國科技史、思想史，文化史、社會史，甚至軍事史都有一定的影響。……更進一步了解術數，我們將更能了解中國歷史的全貌。」（何丙郁《術數、天文與醫學 中國科技史的新視野》，香港城市大學中國文化中心。）

可是術數至今一直不受正統學界所重視，加上術家藏秘自珍，又揚言天機不可洩漏，「（術數）乃吾國科學與哲學融貫而成一種學說，數千年來傳衍嬗變，或隱或現，全賴一二有心人為之繼續維繫，賴以不絕，其中確有學術上研究之價值，非徒癡人說夢，荒誕不經之謂也。其所以至今不能在科學中成立一種地位者，實有數困。蓋古代士大夫階級目醫卜星相為九流之學，多恥道之；而發明諸大師又故為惝恍迷離之辭，以待後人探索；間有一二賢者有所發明，亦秘莫如深，既恐洩天地之秘，複恐譏為旁門左道，始終不肯公開研究，成立一有系統說明之書籍，貽之後世。故居今日而欲研究此種學術，實一極困難之事。」（民國徐樂吾《子平真詮評註》，方重審序）

現存的術數古籍，除極少數是唐、宋、元的版本外，絕大多數是明、清兩代的版本。其內容也主要是明、清兩代流行的術數，唐宋以前的術數及其書籍，大部份均已失傳，只能從史料記載、出土文獻、敦煌遺書中稍窺一麟半爪。

## 術數版本

坊間術數古籍版本，大多是晚清書坊之翻刻本及民國書賈之重排本，其中豕亥魚魯，或而任意增刪，往往文意全非，以至不能卒讀。現今不論是術數愛好者，還是民俗、史學、社會、文化、版本等學術研究者，要想得一常見術數書籍的善本、原版，已經非常困難，更遑論稿本、鈔本、孤本。在文獻不足及缺乏善本的情況下，要想對術數的源流、理法、及其影響，作全面深入的研究，幾不可能。

有見及此，本叢刊編校小組經多年努力及多方協助，在中國、韓國、日本等地區搜羅了一九四九年以前漢文為主的術數類善本、珍本、鈔本、孤本、稿本、批校本等千餘種，精選出其中最佳版本，以最新數碼技術清理、修復版面，更正明顯的錯訛，部份善本更以原色精印，務求更勝原本，以饗讀者。不過，限於編校小組的水平，版本選擇及考證、文字修正、提要內容等方面，恐有疏漏及舛誤之處，懇請方家不吝指正。

心一堂術數古籍珍本叢刊編校小組

二零零九年七月

# 三元挨星秘訣仙傳

## 河圖圖　天地自然之易

天一生坎水地六乾成之地二生坤火天七兌成之天三生震木地八艮成之地四生巽金天九離成之　天五生戊土地十己成之窩

內生外成陰陽交互

一六二七三八四九此合數也合數同方　昂一六同宗

一九二八三七四六此對數也對數相連　昂戴九

數法同生　一坎六乾同宗也二坤七兌為朋四巽九離同途也

六同宗二七為朋三八為友四九同

# 洛書圖

天地自然之易

戴九履一左三右七二四為肩六八為足

合數相連對數同方

邵夫子云圓者星也歷紀三

肇於此方者土也畫州井地之法亦倣於此者河圖之數方者洛書之文故羲文因之而禹箕序之而作範也

數法同連

一坎九離相連也二坤八艮同原也三震七兌共道也四巽六乾合全也

一九相連二八同原三七共道四六合全

子午午子坤艮艮坤卯酉酉卯巽乾乾巽

即維橫維之義

△河圖五行左旋相生　從中五土數起生法

體圓用方至常一不可易　土金水木火生數自內而外

水應一六木應三八火應二七金應四九土應五十

居中　河源通於天天常主動圖之五行

順而生止則對而尅喜動而惡靜天道也

△洛書五行右轉相尅

體用方圓至變不可窮　土水火金木　土應五十

水應一六火應二七金應四九木應三

於地地常主靜書之五行行則

而生喜靜而惡動地道也

經世天地四象圖

南　北　東　西　東南　東北　西南

乾　坤　離　坎　兑　震　巽

日　水　星　斗　月　辰　石

經世衍易圖

天變地化　日月星辰石土火水　暑寒晝夜　雷露風雨

性情形体　木草飛走

太陽一太陰一少陽一少陰一少剛一少柔一太剛一太柔一動一靜一

## 先天主天圖

乾南坤北離東坎西兌東南巽西南震東北艮西北

乾一兌二離三震四巽五坎六艮坤七八

乾兌出自老陽離震變乎少陰坤艮成於

坎巽化自少陽

南北為經天地居之為體（乾南坤北）東西為緯之為用（離東坎西）

乾坤為大父母坎離為小父母

後天主日圖

乾坎艮震巽離坤兌

天地為體而居四維水火為用而居四正以言乾巽相對為天綱坤艮相對為地紀春震秋兌冬坎

先天卦變後天卦圖

離　坎　震　兌　巽　艮　坤　乾

乾　坤　離　坎　兌　震　巽　艮

南　北　東　西　東南　東北　西南　西北

# 九星挨法

貪巨祿文廉中武破輔弼

九宮縱橫橫縱陰陰陽陽倒排

乾
戌　乾　亥

兌
庚　酉　辛

艮
丑　艮　寅

離

廉中五

巽
辰　巽　巳

震
甲　卯　乙

坤
未　坤　申

坎
壬　子　癸

# 倒排父母

山〻各隷九星位〻有一父母
乾坤為父母六卦為子息八卦為父母諸卦為子息
諸卦為父母八〻六十四卦為子息六十四卦為父
母三百八十四爻為子息 說三百八十四象
洛書卦義天地人位空三大卦縱橫陰
子午午子卯酉酉卯巽乾乾巽艮坤坤艮
元父母皆橫排輪之
巳癸癸巳寅辛辛寅乙申申乙丁亥
元順子皆縱橫承之

甲未未甲丙戌戌丙庚丑丑庚亾

元逆子皆縱横排之

三大卦例 人地兩元卦畨

子 申 乙 酉 丙 戌 丁 亥

夘 未 甲 子

午 午 丑 庚

酉

父 己 癸 辰 壬 夘 寅 辛

母

天地人三元卦配位

天元　乾坤艮巽子午卯酉八位

人元　乙辛丁癸寅申巳亥八位

地元　甲庚丙壬辰戌丑未八位

其法何謂父母以八卦為正位故謂之父母起之法從左輪推右

何謂順子一局起挨星亦同父母從左輪推右

何謂逆子一局起挨星從右輪推左行

同一路獨行獨走

△三大卦分陰陽六大局　更有八尺ヲ

△四維之左三局為陽

乾巽坤艮

寅申巳亥

甲庚丙壬

其法分四維四陽局彼如乾艮為陽巽為陰但於河洛則為陽先天〻二四為肩六八為足屬陽也寅申甲庚丙壬于其中故本謂陽也

△四正之左三局為陰

子午卯酉

乙辛丁癸

辰戌丑未

其法分四正四陰局彼如子午為陽卯酉為陰何以子午又為陰乃戴九履一之左三右七屬陰也又所藏人元乙辛丁癸之陰辰戌丑未亦寓於乙辛丁癸之位亦陰也

挨星二十四山陰陽捷訣

艮寅甲兮巽巳丙坤申庚兮乾亥壬十二排來俱順行

丑癸子兮戌辛酉未丁午兮辰乙夘十二陰位逆走

三元父母兄弟各種其類 理証

子與乾同為父母壬與戌為兄弟癸與亥為[illegible]

午與坤同為父母丙與未為兄弟丁[illegible]

夘與巽同為父母甲與辰為兄弟

酉與艮同為父母。庚與丑為兄弟

其餘四卦亦照此推

△父母兄弟子息落位　陰陽相配最極正理

子（壬癸）與坤（未申）同為父母。壬未癸申為兄弟。壬癸為亦、子息。

午與乾同為父母。丙戌丁亥為兄弟。丙丁亦為乾子息。

夘與午同為父母。甲丙乙丁為兄弟。甲乙亦為午之子息。

酉與子同爲父母庚壬辛癸爲兄弟庚辛亦爲子之子息
乾與艮同爲父母戌丑亥寅爲兄弟戌亥亦爲艮之子息
巽與兑同爲父母辰庚巳辛爲兄弟辰巳亦爲子息
坤與巽同爲父母未辰申巳爲兄弟未申亦爲子息
艮與卯同爲父母丑甲寅乙爲兄弟

子息

△父母順子逆子例 各分派各司宫

乾坤艮巽為父母寅申巳亥是順子辰戌丑未逆子

子午卯酉為父母乙辛丁癸是順子甲庚丙壬逆子

△八卦隔四位起父母法 父母排来到子息

△乾巽艮坤子午卯酉八位起相從父母正謂訣

如申庚辛戌起坤為父母 去酉不裝 坤申庚辛戌從坤起為父母

如亥壬癸丑起乾為父母　去子不數

如寅甲乙辰起艮為父母　去卯不數

如巳丙丁未起巽為父母　去午不數

如辛戌亥壬起酉為父母　去乾不數

如癸丑寅甲起子為父母　去艮不數

如乙辰巳丙起卯為父母　去巽不數

如丁未申庚起午為父母　去坤不數

又法

如申庚辛戌起乾為父母

乾亥壬癸丑從乾起為父母

艮寅甲乙辰從艮起為父母

巽巳丙丁未從巽起為父母

酉辛戌亥壬從[illegible]為父母

子癸丑寅甲為父母

卯乙辰巳丙為父母

午丁未申庚為父母

如亥壬癸丑起艮為父母
如寅甲乙辰起巽為父母
如巳丙丁未起艮坤為父母
如辛戌亥壬起酉為父母
如癸丑寅甲起卯為父母
如乙辰巳丙起午為父母
如丁未申庚起酉為父母

二法起為父母一法高山用之一法平陽用之用之之說

自父母排來到子息也

先後天配卦方位

乾配離坤配坎离配震坎配兑兑配巽震配艮巽配坤艮配乾

乾配离离配震震配艮艮配乾

坤配坎坎配兑兑配巽巽配坤

配卦

坤（巽配坤）　離（乾配离）　巽（兑配巽）

兑（坎配兑）　震（离配震）

乾（艮配乾）　坎（坤配坎）　（震配艮）

△入卦方位

乾入坎。坎入震。震入坤。坤入離。離入兌。兌入乾

巽入艮。

| | | |
|---|---|---|
| 震入坤 坤 | 坤入離 離 | 艮入巽 巽 |
| 離入兌 兌 | | 坎入震 震 |
| 兌入乾 乾 | 乾入坎 坎 | 巽入艮 艮 |

△入卦

兌○乾　巽○坎

乾坎艮震

艮○坤　震○離

巽離坤兌

其法易云天地定位山澤通氣雷風相薄水火不相揖。又云乾兌出自老陽、坎巽化自者少陽、艮坤成于老陰、離震變乎少陰云。

一山兩用雙雙起法　後天卦配先天卦

後天丙午丁離卦乃先天之南乾卦

後天壬子癸坎卦乃先天之北坤卦

後天甲卯乙震卦乃先天之日離卦

後天庚酉辛兌卦乃先天之月坎卦

後天辰巽巳巽卦係先天之東南兌卦

後天丑艮寅艮卦係先天之東北震卦

後天未坤申坤卦係先天之西南巽卦

後天戌乾亥乾卦係先天之西北了、

其法一卦皆兩卦一山皆兩山名

又法陽神十二局陰神十二局双〻起

乾巽艮坤亥巳寅申甲庚丙壬十二陽神出脉水上而子午卯酉癸丁乙辛丑未辰戌十二陰脉放在山上陽用陰朝順子一局起

子午卯酉癸丁乙辛丑未辰戌十二陰神出脉放在水上而乾坤艮巽亥巳寅申甲庚丙壬十二陽神出脉放在山上陰用陽應逆子一局起

# 青囊天玉奥語

乾山乾向水流乾 ○
坤山坤向坤水流 ○
卯山卯向卯來堂 ○
酉山酉向迎源水 ○
离山离氣必离来 ○
坎向坎水流坎位 ○
巽山巽水向巽水朝 ○
艮山艮位水流艮 ○

…后四卦
蕭補

坎卦山出乾卦水 ○
离卦山出坤卦水 ○
坤卦山出震卦水 ○
乾卦山出兑卦水 ○
兑卦山出离卦水 ○
震卦山出坎卦水 ○
艮卦山出巽卦
巽卦，出

# △三元大卦

自來水之父母事

自去水之父母輪到山上

天元○乾坤艮巽來去之水立子午卯酉山向

乾水来立午向乾水去立子山坤水来立子向坤水去立

艮水来立卯向艮水去立酉山巽水来立酉向巽水去立

△天元○子午卯酉来去之水立乾坤艮巽山向

子水来立坤向子水去立艮山午水来立乾向午水去立巽山

卯水来立艮向卯水去立坤山酉水来立巽向酉水去立乾山

就從来去九星父母起到向山定之

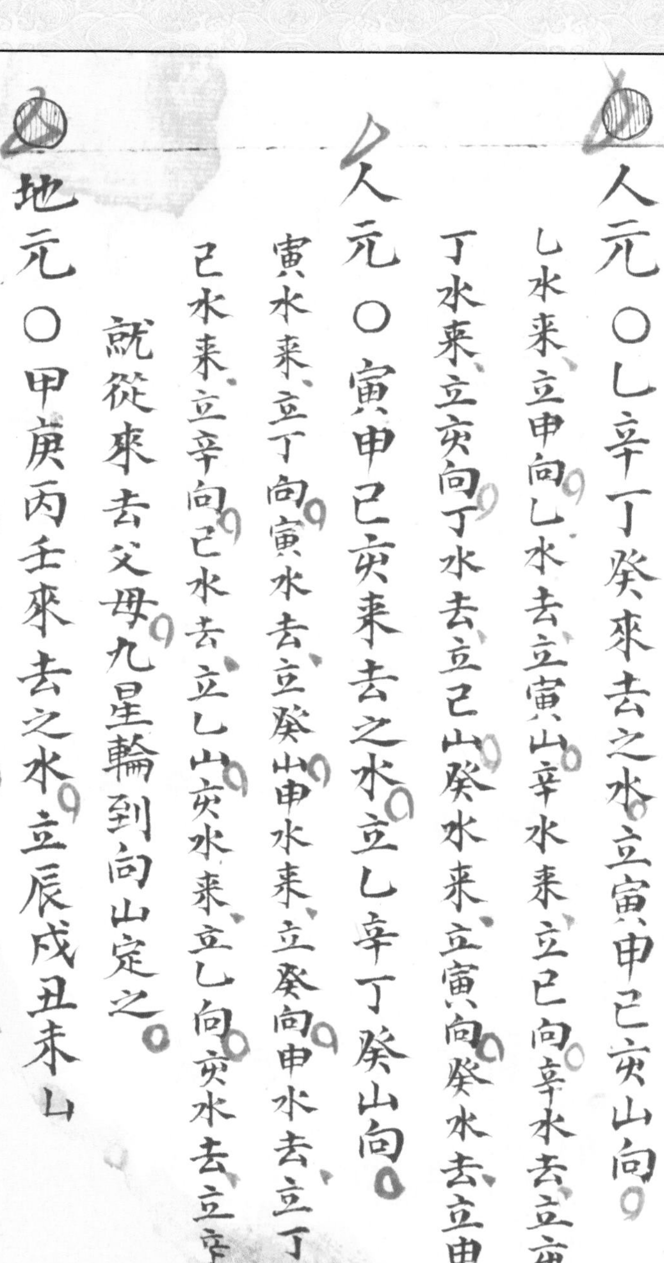

人元〇乙辛丁癸來去之水立寅申巳亥山向

乙水来立申向乙水去立寅山辛水来立巳向辛水去立亥山

丁水来立亥向丁水去立巳山癸水来立寅向癸水去立申山

人元〇寅申巳亥来去之水立乙辛丁癸山向

寅水来立丁向寅水去立癸山申水来立癸向申水去立丁山

巳水来立辛向巳水去立乙山亥水来立乙向亥水去立辛山

就從來去父母九星輪到向山定之

地元〇甲庚丙壬來去之水立辰戌丑未山

甲水来立丑向甲水去立未山庚水来

丙水来、立戌向丙水去、立辰山壬水来、立

地元 ○辰戌丑未来去之水、立甲庚丙壬山、

辰水来、立庚向辰水去、立甲山戌水来、立丑向戌水去、立

丑水来、立甲向丑水去、立庚山未水来、立壬向未水去、立丙山

就從来去父母九星輪到向山定之

已上排龍點位佈局裝卦顛倒父母挨輪九星先後二天之卦最極位空須宜默識心通用之甚靈而壓倒天下矣

△山龍東西二卦

江東龍　午酉丑坤寅乙乾巳戌艮丙辛

江西龍　子卯未辰巽亥申丁庚甲壬癸

# △排龍裝卦

江東　艮丙辛寅午戌巳酉丑巽甲丁

江西　坤壬乙申子辰亥卯未乾庚癸

六大局挨星起貪法

乾坤艮巽○　起乾巽不起坤艮位○

寅申巳亥○　起申亥巳不起寅位○

甲庚丙壬○　起甲庚不起丙壬位○

子午卯酉○　起子午不起卯酉位○

癸丁乙辛○　起癸乙不起辛丁位○

丑未辰戌○　起辰戌不起丑未之

其法起一十三位先天與後天較論又或從

△六大局挨星起貪法

十二陽局

乾巽艮坤○　子一貪　艮二貪　坤三貪　巽四貪○

亥巳寅申○后　辰一貪　丙二貪　戌三貪　后○

壬丙甲庚○前　癸一貪　寅二貪　申三貪　前○

逆局　順輪

△十二陰局

子午卯酉○　子一貪　巽二貪○

癸丁乙辛○　癸一貪　巽二貪○

丑未辰戌○　辰一貪　庚二貪　戌三貪○

順局　逆輪

# 河圖

正局

壬子癸

水出

戌乾亥

名一六同宗

丙午丁

水出

辰巽巳

名四九同途

甲卯

水出

丑艮

乙　寅

庚　未

酉　水出　坤　名二七為朋

辛　申

戊　壬

乾　水出　子　名一六同宗

亥　癸

丑　甲

艮　水出　卯　名三八為友

寅
乙

辰巽巳
水出
丙午丁
名四九同途

未坤申
水出
庚酉辛
名二七為朋

# 洛書

## 變局

壬子癸　水出　丑艮寅　名六八為足

丙午丁　水出　辰巽巳　名二四為肩

甲卯　水出　丙午　名戴九履一

| 乙 | 庚酉辛 | 戌乾亥 | 丑艮 |
| --- | --- | --- | --- |
| | 水出 | 水出 | 水出 |
| 丁 | 戌乾亥 | 壬子癸 | 甲卯 |
| | 名六八為足 | 名戴九履一 | 名左 |

寅　乙

辰　丙

巽　水出　午　名戴九履一

巳　丁

未　庚

坤　水出　酉　名左三右七

申　辛

# △挨星起貪位之一九星法

壬子癸　起貪　戌乾亥

庚酉辛　起貪　丙午丁

丙午丁　起貪　未坤申

甲卯乙　戌乾亥　未坤申

起貪　起貪　起貪

壬子癸　庚酉辛　甲卯乙

辰巽巳　丑艮寅

起貪　起貪

丑艮寅　辰巽巳

# △三元挨星引訣

乾巽互根　自子之東起右行而終

凡四維四正倣此

## ○天元卦

○—○—○

戌　乾　亥

起貪

辰　巽　巳

○—○—○

辰　巽　巳

起貪

戌　乾　亥

癸巳相交　自子之東起右行而終於寅

凡四陰四生倣此

## ○人元卦

○—○—○

壬　子　癸

起貪

戌　乾　亥

○—○—○

辰　巽　巳

起貪

壬　子　癸

# 地元卦

壬與辰交　自子之西起左行而終於戌

凡四陽四墓做此

辰　巽　巳

起貪

戌　乾　亥

壬　子　癸

起貪

戌　乾　亥

# △三元卦互對配交

坐對互根尊為父母八卦為之和
子午卯酉乾巽艮坤八神坐向互對

## 天元父母

子午午子卯酉酉卯乾巽巽乾艮坤坤艮
子乃先天之坤午乃先天之乾卯乃先天之離酉乃先天之坎乾乃先天之艮巽乃先天之兌艮乃先天之震坤乃先天之巽

陰陽相配交媾互換

## 人地兩元子息

甲未未甲乙申申乙丙戌戌丙丁亥亥丁庚丑丑庚丑辛寅寅辛壬辰辰壬癸巳巳癸

甲卯乙　丙午丁　庚酉辛　壬子癸

未坤申　戌乾亥　丑艮寅　辰巽巳

配交　干向支水

○甲——配交——未

卯　　　　　坤

○乙——配交——申

○庚——配交——丑

酉　　　　　艮

○辛——配交——寅

○丙——配交——戌

午　　　　　乾

○丁——配交——亥

○壬——配交——辰

子　　　　　巽

○癸——配交——巳

配交　支向干水

○未——配交——甲　○戌——配交——丙
○坤　卯　乾　午
○申——配交——乙　○亥——配交——丁
○丑——配交——庚　辰——配交——壬
艮　酉　巽　子
○寅——配交——辛　巳——配交——癸

## 乾山交水出

甲山水出未方　乙山水出申方　丙山水出戌方

丁山水出亥方　庚山水出丑方　辛山水出寅方

壬山水出辰方　癸山水出巳方

## △亥山幹水出

未山水出甲方　申山水出乙方　戊山水出丙方

亥山水出丁方　丑山水出庚方　寅山水出辛方

辰山水出壬方　巳山水出癸方

# 內盤十二陰山九星管局

子貪　癸貪　丑破　　卯巨　乙巨　辰武

午巨　丁弼　未巨　　酉武　辛破　戌武

內盤

子貪　癸貪　丑破　艮　寅　甲　卯巨　乙巨　辰武　巽　巳　丙　午巨　丁弼　未巨　坤　申　庚　酉武　辛破　戌武　乾　亥　壬

子貪　卯巨　午巨　酉武

癸貪　乙巨　丁弼　辛破

丑破　辰武　未巨　戌武

# 九星認龍審局三元挨法

甲癸申、貪狼一路行坤壬乙巨門從頭出未卯子祿存正當戌巳乾文曲仔細尋辰亥巽、盡是武曲金丙辛艮、位〻是破庚丁寅、左輔是一門丑酉午、右弼當頭起

從下天元輪上地元止

| | 地元 | 人元 | 天元 |
|---|---|---|---|
| 貪 | 甲 | 癸 | 申 |
| 巨 | 壬 | 乙 | 坤 |
| 祿 | 未 | 卯 | 子 |
| 文 | 戌 | 巳 | 乾 |
| 武 | 辰 | 亥 | 巽 |

破 丙 辛 艮
甫 庚 丁 寅
弼 丑 酉 午

三元俱從父母起換星排龍點位佈局裝卦 天元從申起貪
人元從癸起貪地元從甲起貪

地元
甲庚丙壬
辰戌丑未

人元
乙辛丁癸
卯酉巳亥

天元
乾坤艮
子午寅申

# 挨星配山

參伍錯綜祿文輔無山位

子癸甲申貪狼星坤壬乙卯未巨門辰巽巳戌乾亥武丑艮丙酉辛破軍寅午丁庚右弼數輪局只有五星辰不知祿文甫何處參伍錯綜莫能尋

| | 天元 | 人元 | 地元 |
|---|---|---|---|
| 貪 | 子 | 癸申 | 甲 |
| 巨 | 坤 | 乙卯（卯當配祿而為巨） | 壬未 |
| 祿 | 空位（卯当配祿而不祿） | | （未當配祿而不祿） |
| 文 | 空位（巽当配文而不文） | （亥當配文而不文） | （戌当配文而不文） |
| 武 | 乾巽（巽當起文而為武） | 巳亥 | 辰戌 |

破　艮　辛酉　丙丑

甫　空位　艮当配甫而不甫　酉当配甫而不甫　丑当配甫而不甫

弼　午　丁寅　庚

天元起子貪　子坤乾巽艮午　貪巨武破弼

人元起癸貪　申貪　癸乙巳辛丁　申卯亥酉寅　貪巨武破弼

地元起甲貪　甲卯壬未庚辰戌丙丑庚　貪

△挨星配山原本

| | 貪 | 巨 | 禄 | 文 | 武 | 破 | 輔 | 弼 |
|---|---|---|---|---|---|---|---|---|
| 天元 | 子 | 乾 | 卯 | 巽 | 午 | 坤 | 艮 | 酉 |
| 人元 | 申 癸 | 亥 | 乙 | 巳 | 丁 | 癸 申 | 寅 | 辛 |
| 地元 | 甲 | 戌 | 壬 | 辰 | 丙 | 未 | 丑 | 庚 |

# 挨星配山新編

| | 貪 | 巨 | 祿 | 文 | 武 | 破 | 輔 | 弼 |
|---|---|---|---|---|---|---|---|---|
| 天元 | 子 | 坤 卯 | 卯 | 乾 | 巽 | 艮 | 酉 | 午 |
| 人元 | 癸 申 | 乙 | 申 | 巳 | 亥 巳 | 辛 | 寅 | 丁 |
| 地元 | 甲 | 壬 | 未 | 戌 | 辰 | 丙 | 丑 | 庚 |

## 挨星捷訣

子癸甲申起本宮乙辛丁位已相逢卯午酉宮應在巽丙壬庚位戌中通丑未逢庚坤艮午惟有寅山在乙中乾巽辰戌並巳亥須知對向是真蹤

## 排號

| 排號 | 天元 | | 人元 | | 地元 |
|---|---|---|---|---|---|
| 貪一 | 子 | 一 | 巳 | 一 | 甲 |
| 貪二 | 巽 | 二 | 巳 | 二 | 戌 |
| 貪三 | 巽 | 三 | 巳 | 三 | 戌 |
| 貪四 | 午 | 四 | 癸 | 四 | 戌 |
| 貪五 | 巽 | 五 | 乙 | 五 | 戌 |

貪六午六申六辰

貪七巽七亥七庚

貪八乾八巳八庚

天元貪　子●巽○巽●午●巽●午○巽●乾○

人元貪　巳●巳●巳●癸●乙○申○亥○巳○

地元貪　甲●戌○戌○戌○戌●辰●寅●

引起三局排

# 三元挨星總法

又分山之陰陽訣
引三元子巳甲三局

天元 起子一局 子● 艮○ 卯● 巽○ 午● 坤○ 酉● 乾○

人元 起巳一局 巳○ 丁● 申○ 辛● 亥○ 癸● 寅○ 乙●

地元 起甲一局 甲○ 丑● 壬○ 戌● 庚○ 未● 丙○ 辰●

# 三元挨星佈排陰陽三局

一陰一陽陽〻陰〻陰〻陽〻之義

天元
●○●○●○●○
子乾酉坤午巽卯艮

人元
●●●●○○○○
乙癸辛丁寅亥申巳

地元
○○○○●●●●
甲丙庚壬辰未戌丑

## △挨星坐山

子癸甲乙巽巳辰午申庚上星挨灵戌乾亥位起十三陰
分順逆行壬丑艮寅丙丁卯未坤酉辛不同臨

### 排號

天元子起　地元甲起　人元巳起

| 子 | 癸 | 甲 | 乙 | 辰 | 巽 | 巳 |
|---|---|---|---|---|---|---|
| 一 | 四 | 一 | 五 | 六 | 二 | 一 |
| 貪 | 貪 | 貪 | 貪 | 貪 | 貪 | 貪 |
| | | | | | 三 | 二 |
| | | | | | 貪 | 貪 |
| | | | | | 五 | 三 |
| | | | | | 貪 | 貪 |
| | | | | | 七 | 八 |
| | | | | | 貪 | 貪 |

午　四　貪　五　貪

申　六　貪　八　貪

庚　七　貪

戌　二　貪　三　貪　四　貪　五　貪

乾　八　貪

亥　七　貪

其法天元在子乃先天之坤故以子初起不起坤而起子後天位也　坤居北地天開於子

人元在巳乃先天之兑之子在辛故以巳初起不起辛而起士一後天位也　巳為地戶

地元在甲乃先天離之子在丙故以甲初起又日幹去

不起丙而起甲後天位也

# 三元倒排挨星

| | | | | | | | |
|---|---|---|---|---|---|---|---|
| 天元 | 子陰 | 巽陽 | 巽陰 | 午陽 | 巽陰 | 午陽 | 巽陰 |
| 人元 | 巳陰 | 巳陰 | 巳陰 | 癸陰 | 乙陽 | 申陽 | 亥陽 |
| 地元 | 甲陽 | 戌陽 | 戌陽 | 戌陽 | 戌陰 | 辰陰 | 庚陰 |

陰陽佈局

右

乾陽　巳陽　庚陰

其法一陰一陽陰〻陽〻陽〻陰〻三元大局陽從左遏邉圍〻轉陰

從右路轉相通　天人二元陰陽同途地元陽陰各行一路

# 伭空配合卦神顛倒佈局挨星

| 四大卦 | | 入卦 | 坐卦 | 對卦 | 配卦 |
|---|---|---|---|---|---|
| 壬 | 貪 | 戌 | 未 | 丙 | 辰 |
| 子 | 貪 | 乾 | 坤 | 午 | 巽 |
| 癸 | 貪 | 亥 | 申 | 丁 | 巳 |
| 丑 | 貪 | 辰 | 甲 | 未 | 戌 |
| 艮 | 貪 | 巽 | 夘 | 坤 | 乾 |
| 寅 | 貪 | 巳 | 乙 | 申 | 亥 |
| 甲 | 貪 | 壬 | 丙 | 庚 | 未 |
| 夘 | 貪 | 子 | 午 | 酉 | 坤 |

乙貪癸丁辛申
辰貪丑庚戌壬
巽貪艮酉乾子
巳貪寅辛亥癸
丙貪未戌壬庚
午貪坤乾子酉
丁貪申亥癸辛
未貪甲辰丑丙
坤貪卯巽艮午
申貪乙巳寅丁
庚貪丙壬甲丑
酉貪午子卯艮

辛貪丁　癸　乙　寅

戌貪庚　丑　辰　甲

乾貪酉　艮　巽　卯

亥貪辛　寅　巳　乙

# 平洋挨星起貪訣

乾上貪狼巳巽針酉辛子癸卯乙辰亥壬乾甲丙兼戌六向皆從巽上發離上貪狼向午丁坎方坤艮兌庚申震臨丑未艮寅向惟有坤方無此星

## 四隅陽卦貪星

乾上貪狼　巳巽二陽向　酉辛子癸卯乙辰七陰向

巽上貪狼　亥壬乾甲丙五陽向　戌一陰向

艮上貪狼　寅陽向

坤位無

△四正陰卦貪星

坎上貪狼　艮坤二陽向

離上貪狼　午丁二陰向

震上貪狼　丑未二陰向

兌上貪狼　申庚二陽向

天人地三元
向從卦上起

△四隅管十二陽位貪星

位〻一父母　位〻一九星

天　艮山坤向　陽向　貪起坎上

人　寅山申向　陽向　貪起兌上

地 甲山庚向 陽向 貪起兌上

天 坤山艮向 陽向 貪起坎上

人 申山寅向 陽向 貪起艮上

地 庚山甲向 陽向 貪起巽上

天 巽山乾向 陽向 貪起巽上

人 巳山亥向 陽向 貪起巽上

地 丙山壬向 陽向 貪起巽上

天 乾山巽向 陽向 貪起乾上

人 亥山巳向 陽向 貪起乾上

地 壬山丙向 陽向 貪起巽上

## 四正管十二陰位貪星

位巳一

位、

地　丑山未向　陰向　貪起震上

人　癸山丁向　陰向　貪起离上

天　子山午向　陰向　貪起离上

地　戌山辰向　陰向　貪起乾上

人　辛山乙向　陰向　貪起乾上

天　酉山夘向　陰向　貪起乾上

地　未山丑向　陰向　貪起震上

人　丁山癸向　陰向　貪起乾上

天　午山子向　陰向　貪起乾上

地　辰山戌向　陰向　貪起巽上

人　乙山辛向　陰向　貪起乾上

天　夘山酉向　陰向　貪起乾上

△陰陽各二局挨星起貪

引曲、　陽二局向右走　順

貪巨祿文武破甫弼

壬山丙向

辰丙未庚戌壬丑甲

庚山甲向

貪巨祿文武破甫弼

甲辰丙未庚戌壬丑

引曲、△陰二局向左流　逆

貪午巨巽祿卯文艮

子山午向

武子破乾甫酉弼坤

酉山卯向　貪乾巨酉祿坤文午武巽破卯輔艮弼子

# 隔四位起父母挨星訣

引証

巳山亥向　癸上起貪

巽山乾向　子上起貪

辰山戌向　壬上起貪

## 三匝挨星先後天卦

乾甲午壬寅戌山坤壬乙上起貪狼坤乙子癸申辰山乾甲丁上起貪狼巽辛酉丁巳丑山艮丙辛上起貪狼艮丙卯庚亥未山巽庚癸上起貪狼

二十四山起八宮貪巨武甫榮餘皆盡是逃亡穴下後人丁絕
收山去煞有何功破祿廉文要坐空貪巨武甫收拾穴何愁大地不相逢

## 乾甲午壬寅戌局

天元　地元　人元

坤乙子癸申辰局

| | 貪 | 巨 | 祿 | 文 | 廉 | 武 | 破 | 弼 |
|---|---|---|---|---|---|---|---|---|
| 天元 | 坤 | 酉 | 乾 | 子 | 艮 | 卯 | 巽 | 午 |
| 地元 | 壬 | 丑 | 甲 | 辰 | 丙 | 未 | 庚 | 戌 |
| 人元 | 乙 | 巳 | 丁 | 申 | 辛 | 亥 | 癸 | 寅 |

乙

巽辛酉丁巳丑局

| | | | | | | | |
|---|---|---|---|---|---|---|---|
| | 貪 | 巨 | 祿 | 文 | 廉 | 武 | 破 | 輔 |
| 天元 | 乾 | 子 | 艮 | 卯 | 巽 | 午 | 坤 | 酉 |
| 地元 | 甲 | 辰 | 丙 | 未 | 庚 | 戌 | 壬 | 丑 |
| 人元 | 丁 | 申 | 辛 | 亥 | 癸 | 寅 | 乙 | 巳 |

# 艮丙卯庚亥未局

| | 貪 | 巨 | 祿 | 文 | 廉 | 武 | 破 | 輔 |
|---|---|---|---|---|---|---|---|---|
| 天元 | 艮 | 卯 | 巽 | 午 | 坤 | 酉 | 乾 | 子 |
| 地元 | 丙 | 未 | 庚 | 戌 | 壬 | 丑 | 甲 | 辰 |
| 人元 | 辛 | 亥 | 癸 | 寅 | 乙 | 巳 | 丁 | 申 |

貪巨祿文廉武破輔

巽午坤酉乾子艮卯

庚戌壬丑甲辰丙未

癸寅乙巳丁申辛亥

上元正零二神水法

上元坎当令　離方为正神水吉　乾方为零神水吉　巽坤为甫水

上元坤当令　艮方为正神水吉　兌方为照神水吉　坎震为甫水凶

上元震当令　兌方为正神水　艮方为照神水吉　乾坤为甫神凶

中元首二十年巽当令　乾方为正神水　離方为照神水　艮兌为甫神凶

末廿年乾当令　巽方为正神水　坎方为零神水　離正为甫神凶

下元首二十年兌卦当令　震方为正神水　坤方为零神水　艮巽为甫神凶

中二十年艮当令　坤为正神水　震方为震神水　離兌为甫水凶

末二十年離当令　坎方为正神水　巽方为照神水　乾艮为甫神水凶

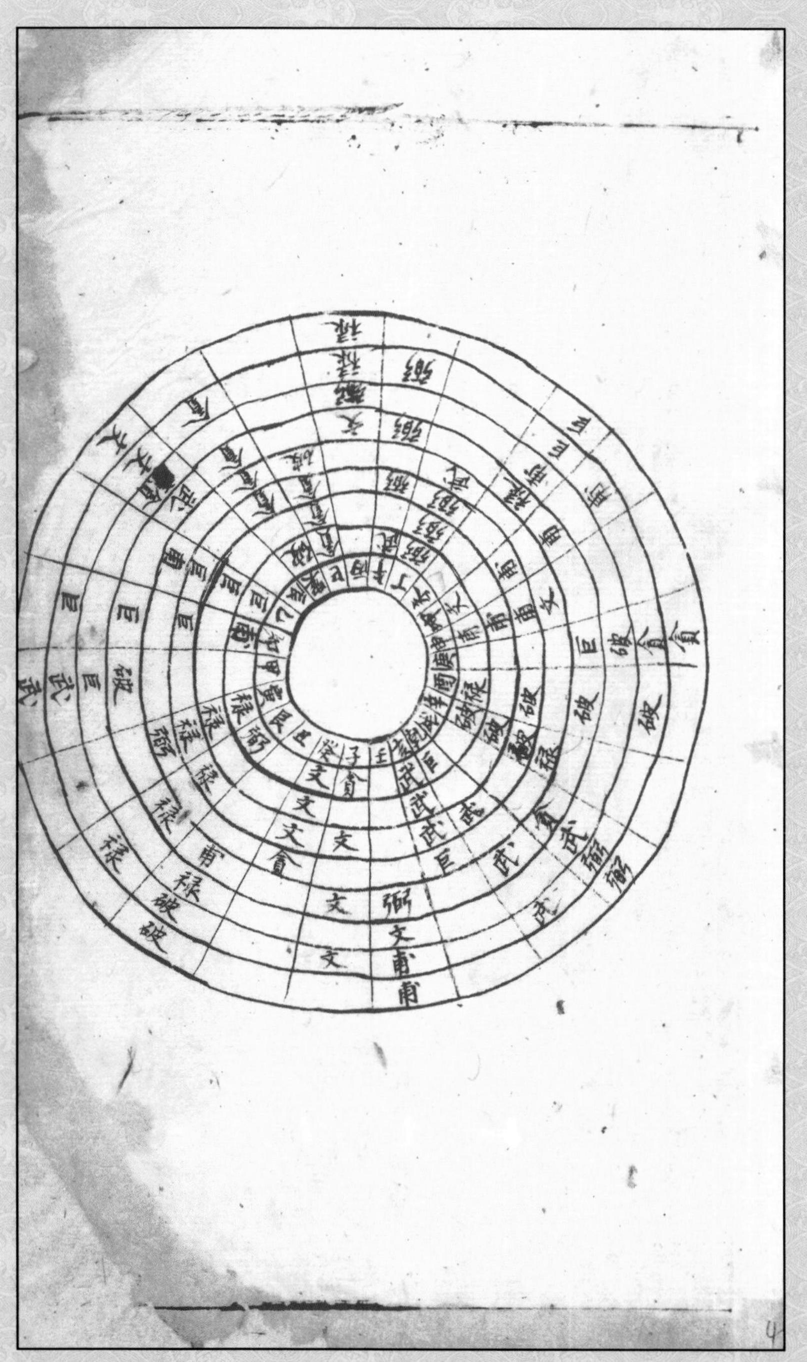

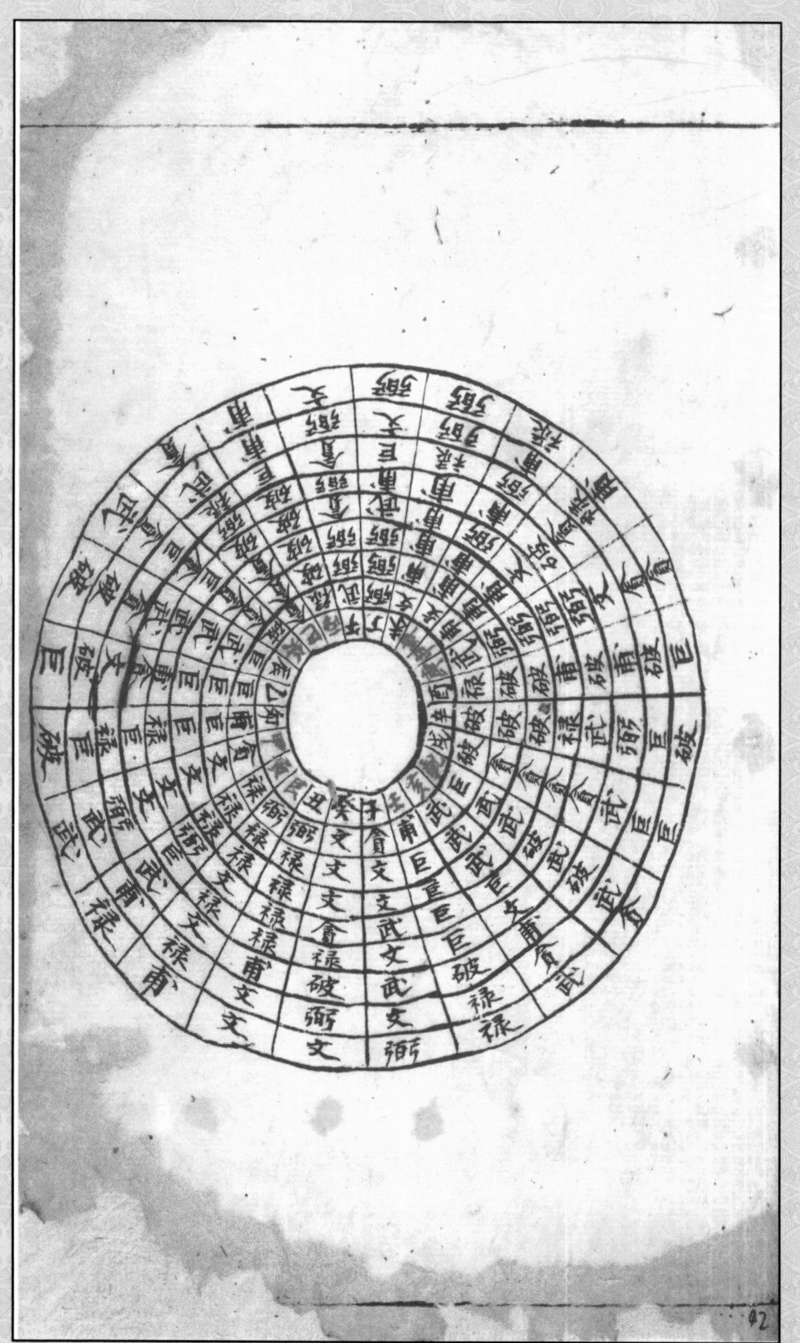